©

Ye   2132

ELOGES
DV DVC DE LVYNES,

Auec l'aduis au Roy
par Theophile.

Ensemble les Repliques.

M. DC. XXI.

ELOGES DV
Duc de Luynes.

Par Theophile.

E Scriuains tousiours empeschez
Apres des matieres indignes,
Coulpables d'autant de pechez
Que vous auez noircy de lignes,
Ie m'en vais vous apprendre icy
Quel doit estre vostre soucy,
Et dessus les justes ruines
De vos ouurages criminels,
Auecques des vers eternels
Peindre l'Image de Luynes.

  Ie confesse qu'en me taisant
D'vne si glorieuse vie
Ie m'estois rendu complaisant

Aux iniustices de l'enuie,
Et meritois bien que le Roy
En suitte du premier effroy,
Dont me feist pallir sa menace,
M'ait fait sentir des cruautez
Qu'on ordonne aux desloyautez
Qui n'ont point merité sa grace.

A qui plus iustement qu'à luy
Se doiuent les sainctes loüanges?
Qnel des hómes voit auiourd'huy
Sa vertu si proche des Anges,
Ceux que le Ciel d'vn iuste chois
Fait entrer en l'ame des Rois
Ils ne sont plus ce que nous sómes,
Et semblent tenir vn milieu
Entre la qualité de Dieu
Et la condition des hommes.

Chacun les doit donc estimer

Ainsi qu'vn Ange tutelaire:
La vertu, c'est de les aimer,
Innocence, de leur complaire:
Les mouuemens de la bonté
C'est proprement leur volonté:
Les suiure c'est fuïr le vice:
Bien viure c'est les imiter:
Et ce qu'on nomme meriter
C'est de mourir pour leur seruice.

 Grād Duc, que toutes les vertus
Recommandent à nostre estime,
Et que tous les Princes abbattus
Tiénent pour vainqueur legitime,
Benis soient par tout l'vniuers
Les justes & les sages vers
Où ta gloire sera semée:
Et iamais ne soient innocens
Ceux qui refuseront l'encens
A l'autel de ta renommée.

Vn nombre d'esprits furieux,
De sa prosperité s'irrite,
Et fait des querelles aux Cieux
Pour auoir payé ton merite.
Appaisez vous foibles mutins,
En despit de vous les destins
Luy seront à iamais propices,
Puis que mon Prince en prend le
    soing,
Scachez que la fortune est loing
Du naufrage & du precipice.

Si son ame estoit sans appas,
Si sa valeur estoit sans marques,
Et que sa vertu ne fust pas
Aupres de celles des Monarques,
On pourroit auec moins de tort
Blâmer son fauorable sort,
Mais toutes nos ingratitudes
S'accorderont à confesser

Que son pouvoir a fait cesser
La honte de nos seruitudes.

Quand le Ciel parmy nos dan-
gers
Auoit horreur de nos prieres,
Que les yeux des plus Estrangers
Donoient des pleurs à nos miseres,
Nos maux alloiét iusques au bout:
Et l'Estat esbranlé par tout
Estoit prest de changer de Maistre:
Il fit mourir nostre douleur,
Et perdre esperance au malheur
De la faire iamais renaistre.

Ce Grand Iour où tant de plaisirs
Succederent à tant de peines,
Qui fit changer tant de desirs,
Et qui r'appaisa tant de haines,
Tous nous cœurs sans fard & sás fiel

Inclinans où l'aduis du Ciel
Pouſſoit nos volontez vnies:
Rauis de ce commun bon-heur
Feirent des vœux à ſon honneur
Par nos calamitez finies.

 Ceux qui mieux ont ſenti l'éfet
D'vne ſi loüable victoire,
Honteux du bien qu'il leur a fait
Ont du mal à ſouffrir ſa gloire
Ils attachent à leur eſprits
Le reſſentiment du meſpris
Dont leur grandeur eſtoit foulée:
Quand leur foibleſſe auec raiſon
Cerchoit par tout la gueriſon
Que ce grand Duc a r'apellée.

 Le remords vous doit bien punir,
Vos ames ſont peu liberalles,
      De luy

De luy nier le souuenir.
D'vne grace si generalle,
Que vos fureurs changent d'objet,
Aussi bien cerchant le subjet
De la haine qui vous anime,
Vous ne trouuerez point dequoy,
Sinon que la Faueur du Roy
Tienne lieu de honte & de crime.

 Ceux qui viennent à recercher
Quelque juste cause de blâme,
Ne peuuent point luy reprocher
Vn defaut du corps ou de l'ame:
Pour moy, lors que ie pense à luy,
Ceste fureur qui pousse autruy
De mes sens bien loing se retire:
Tous mes vers vont au cõplimet,
Et ne sçaurois trouuer comment
Il se faut prendre à la Satyre.

S'il est coulpable c'est d'auoir
Trop de Iustice & de Vaillance;
Aimer son Prince, & receuoir
Les effects de sa bien-veillance.
Grand Duc, laisse courrir le bruit,
Et gouste doucement le fruit
Que la bonne fortune apporte:
Tous ceux qui sont tes ennemis
Voudroient bien qu'il leur fust
      permis
D'estre criminels de la sorte.

Iamais à leurs funestes vœux
Vn Dieu propice ne responde,
Iamais, sinon ce que tu veux
Ne puisse reüssir au monde.
Que tousiours de meilleurs succés
Te donnent de nouueaux accés,
Et des felicitez plus grandes,
Et bref, que les plus enragez

A ta deuotion rangez
Te viennent payer des offrandes.

FIN.

Response a Theophile.

Théophile, mal empesché
Apres vne matiere indigne,
Coulpable du plus grand peché
Que commet vne ame maligne,
Tu deurois nous apprendre icy
Quel doit estre nostre soucy,
Et dessus les justes ruines
De tes ouurages criminels
Auecques des vers éternels
Perdre l'Image de Luynes.

Cõfesse donc qu'en bien disant
D'vne si vicieuse vie
Que tu t'es rendu desplaisant
A la justice qui t'enuie:
Tu merite bien que le Roy
En suitte du premier effroy

Dont te fit paslir sa menace,
T'ay fait sentir les cruautez
Qu'on ordonne aux desloyautez
Qui n'ont point merité de grace.

 Qui plus injustement que luy
Merite des sainctes loüanges?
Que si nul ne voit aujourd'huy
Sa vertu si proche des Anges;
Ceux que l'Enfer d'inique choix
Fait entrer en l'ame des Rois,
Certes ne sont ce que nous sómes,
Ils ne tiennent fin ni milieu
Entre la qualité de Dieu
Et la condition des hommes.

 Châcun dóques les doit blâmer
Comme esprits enclins à mal-faire,
Le vice c'est de les aimer,
Et la coulpe de leur complaire.

Les mouuemens de la bonté
N'est proprement leur volonté:
Les suiure c'est cherir le vice:
Mal viure c'est les imiter,
Bref, celuy ne peut meriter
Qui veut mourir pour leur seruice.

Chetif Duc que nulles vertus
Recommandent à nostre estime,
Et que les Princes combattus
N'aduoüent pour vainqueur le-
  gitime,
Maudits soient par tout l'vniuers
Les meschants & iniques vers
Ou ta gloire sera semée,
Et que tousiours soient innocens
Ceux qui refuseront l'encens
A l'autel de ta renommée.

Vn chacun les larmes aux yeux

De ta prosperité s'irrite,
Et fait des querelles aux Cieux
Pour auoir plus que tu merite:
Mais quelque iour ces trois Mâtins
En despit de tous les destins
Seront payez de leur seruice,
Bien que mon Prince en aye soin
Leur fortune n'est pourtant loin
Du naufrage & du precipice.

Puis que son ame est sans appas,
Que sa valeur est sans remarque,
Et que ses desseins pas à pas
Ruineront nostre Monarque,
On peut donques sans aucun tort
Blasmer son diabolique sort,
Ce ne sont point ingratitudes,
Si nous ne voulons confesser
Que son pouuoir ait fait cesser
La honte de nos seruitudes.

Quand le Ciel parmi nos dan-
   gers
Auoit horreur de nos prieres,
Que les yeux des plus estrangers
Donoient des pleurs à nos miseres,
Nos maux alloient iusques au bout,
Et l'Estat esbranlé par tout
Se veit en luy changer de Maistre,
Il appaisa nostre douleur,
Mais pour nous remettre au mal-
   heur
Qu'à l'heure mesme il fit renaistre.

Ce grãd iour où tant de plaisirs,
Succederent à tant de peines,
S'est eclipsé par les desirs
De ces enuies inhumaines,
Tous nos cœurs sans fard & sans fiel
Inclinans où l'aduis du Ciel
Poussoit nos volontez vnies,

Rauis

Rauis de ce commun bon-heur
N'en feront vœux à son honneur;
Nos miseres ne sont finies.

  Ceux pour n'auoir senti l'effect
D'vne si loüable victoire,
Et qui n'ont receu nul bien-fait
Dont il en puisse tirer gloire,
N'atrachent point à leurs esprits
Le ressentiment du mespris
Dont leur grandeur estoit foulée,
Ains, ils cerchent auec raison
De leur perte la guerison
Que ce Tyran a r'appellée.

  Le remords te doit bien punir
D'auoir l'ame si liberalle,
Luy accorder le souuenir
De ceste grace generalle,
Fais que tes vers changent d'objet,

Aussi bien cherchant le subject
De ceste amitié qui t'anime,
Tu ne trouueras point dequoy,
Sinon que la FAVEVR du Roy
Le fera perir en son crime.

Ceux qui viennent à recercher
Quelque juste cause de blasme,
Peuuent assez luy reprocher
Les defauts qui tiennent son ame:
Pour moy, lors que ie pense à luy,
C'est instinct qui excite autruy
A louer, de moy se retire:
Ma Muse fuit le compliment,
Et me fait bien trouuer comment
Il se faut prendre à la Satyre.

Il est coulpable pour n'auoir
Nulle justice ny vaillance,
Piller son Roy, & deceuoir

Les effects de sa bien-veillance.
Tyran, tu laisse courre vn bruit
Qui te fera maudir le fruict
Que la bonne fortune apporte:
Ceux que tu tiens pour tes amis
Comme tes plus grands ennemis,
Vn iour te pendront à ta porte.

  Iamais à tes funestes vœux,
Theophile, Dieu ne responde.
Et à iamais ce que tu veux
Ne puisse reussir au monde,
Que tousiours de pires succés
Luy donnent de tristes accés
Et des infortunes plus grandes.
Et que ceux viennent enragez
A sa deuotion rangez
Qui luy payeront des offrandes.
   FIN.

LE CONSEIL DE THEOPHILE AV ROY.

Cher object des yeux & des
  cœurs,
Grand Roy, dont les esprits vain-
  queurs
N'ont rien que de doux & d'Au-
  guste.
Vsez moins de vostre amitié,
Vous perdrez ce nom de Iuste
Si vous vsez trop de pitié.

Quand vn Roy par tant de
  projects
Voy dans l'ame de ses Subjects
Son authorité dissipée,
Quoy que raisonne le Conseil,
Ie pense que les coups d'espée
Sont vn salutaire appareil.

L'honneur d'vn Iuste Potentat
C'est defaire qu'en son Estat
La paix ait des racines fermes,
Et par là se doit maintenir,
Et demeurer tousiours aux termes
De pardonner & de punir.

Contre ces esprits insensez
Qui se tiennent interessez
En la calamité publicque?
Selon la loy que nous tenons
Il ne faut point qu'vn Roy s'expli-
Que par la bouche des canós. [que

Les forts brauent les impuissás,
Les vaincus sont obeyssans,
La Iustice étouffe la rage,
Il les faut rompre soubs le faix,
Le tonnerre finist l'orage,
Et la guerre apporte la paix.

REPLIQUE.

Cher objet des yeux & des cœurs,
Grand Roy, dont les esprits vain-
  queurs
Ont merité le nom de Iuste,
Tu orneras ta Royauté
Encore du tiltre d'Auguste
En détestant la cruauté.

Quand vn Roy par tât de projets
Voit dans l'ame de ses Subjets
Son authorité dissipée,
Ie croy que le meilleur conseil
Ne se tire des coups d'espée ;
C'est vn trop fascheux appareil.

I'aduoüe bien qu'vn Potentat
Doiue faire qu'en son Estat
La paix ait des racines fermes,

Il se doit par là maintenir,
Demeurant toutesfois aux termes
De plus pardonner que punir.

Contre des esprits offencez
Qui se plaignent, interessez,
Ce Prince là seroit inique
Selon la loy que nous tenons,
S'il ne cerchoit point d'autre explicque
Que dans la bouche de ses canons.

Les forts vont les foibles foulās,
Et les vainqueurs sont insolents,
Ils n'ont justice que leur rage,
Qui rompt & brise soubs le faix,
Ceux qui repoussent cest orage
Ne demandent rien que la paix.

FIN.

www.ingramcontent.com/pod-product-compliance
Lightning Source LLC
Chambersburg PA
CBHW060454050426
42451CB00014B/3326